工会工作知识题库系列丛书

U0866402

工会资产工作知识题库

学习强会 编

中国工人出版社

图书在版编目（CIP）数据

工会资产工作知识题库 / 学习强会编 . —
北京：中国工人出版社，2023.6

ISBN 978-7-5008-8203-9

Ⅰ . ①工…　Ⅱ . ①学…　Ⅲ . ①工会工作 – 资产管理 – 中国 – 干部培训 – 习题集　Ⅳ . ① D412.67–44

中国国家版本馆 CIP 数据核字（2023）第 099628 号

工会资产工作知识题库

出 版 人　董　宽
责任编辑　张姗姗
责任校对　张　彦
责任印制　栾征宇
出版发行　中国工人出版社
地　　址　北京市东城区鼓楼外大街45号　邮编：100120
网　　址　http://www.wp-china.com
电　　话　（010）62005043（总编室）
　　　　　（010）62005039（印制管理中心）
　　　　　（010）62382916（工会与劳动关系分社）
发行热线　（010）82029051　62383056
经　　销　各地书店
印　　刷　北京市密东印刷有限公司
开　　本　787毫米×1092毫米　1/32
印　　张　4
字　　数　50千字
版　　次　2023年7月第1版　2023年7月第1次印刷
定　　价　16.00元

目　录
CONTENTS

单项选择题

扫码闯关答题

1. 从目前工会资产的现状看，（ ）是工会资产的主体。

A. 工会企业资产 B. 工会行政事业性资产

C. 工会事业性资产 D. 工会经营性资产

2. （ ）属于无形资产。

A. 应收款项 B. 库存物品

C. 设施设备 D. 商标权

3. 各级工会定期向（ ）报告资产管理情况，并接受审查监督。

A. 会员代表大会和上级工会

B. 中华全国总工会

C. 上级工会

D. 同级政府相关部门

4.（　）对工会的资产拥有终极所有权。

A. 会员代表大会　　B. 中华全国总工会

C. 地市级工会　　D. 省级工会

5.（　）是工会资产产权制度的核心内容。

A. 工会资产终极产权制度

B. 工会出资人制度

C. 工会资产工作制度

D. 工会资产监管制度

6. 破产企业工会资产属于（　）所有。

A. 工会　　B. 企业

C. 职工　　D. 事业单位

7. 工会资产工作高质量发展的总目标是（　）。

A. 实现工会资产产权清晰、特色鲜明、管理规范、效益良好，推动工会资产不断做优做强

B. 通过健全体制机制，加强制度建设

C. 以考核为刚性、向管理要效益、靠制度保落实

D. 利用科学的工会资产评价体系，实现工会资产科

学配置

8. 关于工会资产的监督管理工作，下列表述正确的是（　）。

A. 工会资产管理仅仅是对资产的管理

B. 工会资产管理只管资产投入

C. 不需要对资产经营效益进行考核

D. 应加强出资人与经营者之间的规范约束及监督

9. （　）是工会资产监督管理工作的根本保证。

A. 党的领导原则　　B. 统一监管原则

C. 分类监管原则　　D. 统一归口原则

10. 关于工会资产的监督管理工作，下列表述正确的是（　）。

A. 工会任何部门都可以履行资产出资人职责

B. 工会资产监管范围不包括二级单位

C. 工会行政事业性资产和企业资产统一归口监管

D. 工会资产监督管理仅需要统一监管

11. （　）是加强工会资产制度建设的前提和基础。

A. 建立健全工会资产工作制度

B. 制定工会资产监督管理规章制度

C. 落实工会出资人制度

D. 落实工会企事业法人财产权制度

12. （　）是建立健全工会资产监督管理体制的组织基础。

A. 明确工会出资人

B. 明确工会资产监督管理机构

C. 明确工会财产权

D. 明确工会资产管理方式

13. 工会兴办了很多职工文化教育和集体福利事业，为工会资产工作的开展打下了（　）。

A. 物质基础、组织基础和制度基础

B. 经济基础、文化基础

C. 经济基础、物质基础

D. 文化基础、制度基础

14. （　），经中共中央批准，全国总工会决定把华北职工干部学校改组为中华全国总工会干部学校。

A. 1948 年 7 月　　B. 1949 年 7 月

C. 1951 年 7 月　　D. 1953 年 7 月

15. 改革开放前，工会在整顿职工疗养事业方面，明确职工疗养院应以（　）为主。

A. 医学治疗　　B. 医疗保健

C. 医疗预防　　D. 健康保健

16. 1956 年到 1958 年，职工学校在继续扫盲的同时，以进行（　）为主。

A. 高等教育　　B. 初等到中等教育

C. 初等教育　　D. 基础教育

17. 1955 年底，厂矿企业举办的职工业余文化学校发展到（　）余所。

A. 500　　B. 3000

C. 5000　　D. 9000

18. 下列选项中，职工互助保障组织资金支出范围不包括（　）。

A. 工作人员工资福利　　B. 为会员提供法律服务

C. 给付会员的互助金　　D. 投资股票

19. 1960—1966 年，全国总工会贯彻（　）的方针，针对管理混乱等问题，开始对全国职工疗养、文化事业进行整顿，上收管理权限。

A. 统一办事业　　B. 优化办事业

C. 勤俭办事业　　D. 安全办事业

20. 到（　），全国职工文化活动场所发展达到高峰，全国文化宫（俱乐部）达到 3.3 万多个，工会图书馆达到 74234 个。

A. 1959 年　　B. 1960 年

C. 1951 年　　D. 1953 年

21. 1959 年到 1966 年，中央确定（　）由工会负责办理。

A. 职工教育　　B. 企业文化

C. 职工福利　　D. 集体福利

22. 在（　），工会举办的职工学校形成了初具规模的从小学、中学、中专到大专的多层次办学体系。

A. 恢复工会经济事业阶段（1978—1992）

B. 调整、巩固、充实、提高阶段（1960—1966）

C. 整顿巩固、稳步前进阶段（1953—1959）

D. 蓬勃发展阶段（1949—1952）

23. 工人文化宫等场所的建设，表明（　）首先成为一种社会主义国家的国民权利。

A. 文化教育　　B. 高等教育

C. 初级教育　　D. 大学教育

24. 工会组织依据《工会法》对工会经费及其财产拥有（　）所有权。

A. 大部分　　B. 完整的

C. 少部分　　D. 一半

25. 1960—1966 年，工会资产工作的主要目的是为职工提供服务，核心是（　）。

A. 管理和使用好工会资产

B. 经营工会资产

C. 监督工会资产

D. 使用工会资产

26. （　），全国总工会召开全国第一次工会俱乐部工作会议，制定了《工人文化宫、俱乐部的组织条例、工作条例和选举条例》。

A. 1960 年 3 月　　B. 1950 年 8 月

C. 1953 年 6 月　　D. 1952 年 7 月

27. （　），全国总工会在北京举行第一届全国工人运动大会。

A. 1955 年　　B. 1960 年

C. 1951 年　　D. 1953 年

28. 在（　），全国总工会事业发展部按照国家关于建立第三产业统计标准和统计指标体系的要求，结合工会特点建立了工会企事业的统计标准和统计指标体系。

A. 恢复工会经济事业阶段（1978—1992）

B. 大力兴办工会企事业阶段（1992—1998）

C. 发展职工劳动福利事业阶段（1998—2005）

D. 推进工会资产监管体制改革，初步建立资产监管体系阶段（2005—2012）

29. （　），全国总工会十三届二次执委会将工会兴办的各类企事业统一改称为职工劳动福利事业。

A. 2000 年　　B. 1997 年

C. 1999 年　　D. 1998 年

30. 1954 年 2 月，政府决定把（　）划归工会统一管理。

A. 职工互助保障事业

B. 劳动保险事业

C. 职工文化教育事业

D. 职工疗休养事业

31. 在管理体制方面，2005 年以来，全国总工会确定了以工会（　）为原则的工会企事业资产管理体制框架。

A. “统一管理、分级所有、单位使用”

B. “统一所有、分级管理、单位使用”

C. “统一管理、分级使用、单位所有”

D. “统一所有、分级使用、单位管理”

32. 1989 年 8 月，全国总工会召开了工会经济事业座谈会，明确了工会兴办经济事业必须坚持（　）。

A. 为职工群众服务，为推进工会发展服务，为经济建设服务

B. 为工会会员服务，为推进工运事业服务，为经济建设服务

C. 为职工群众服务，为推进职工文化事业服务，为经济建设服务

D. 为职工群众服务，为推进工运事业服务，为发展社会生产力服务

33.（　），经全国总工会十一届书记处第十九次会议研究决定，全国总工会成立事业发展部，主要任务是疏通政策、调节资金、加强管理、培训干部、交流经验、宏观指导。

A. 1999 年 9 月　　B. 1997 年 9 月

C. 1999 年 4 月　　D. 1989 年 4 月

34. 工会企事业经过多年来的调整优化结构布局，逐渐形成（　）三大领域。

A. 职工文化教育事业、职工疗休养事业、职工互助保障事业

B. 职工文化教育体育事业、职工疗养事业和职工互助保障事业

C. 职工文化教育体育事业、职工疗休养事业和职工互助保障事业

D. 职工文化教育体育事业、职工疗休养事业和职工保障事业

35.《关于改进劳动保险和疗养事业管理的暂行规定》特别强调，工会举办的疗休养事业，今后凡资产转移，改变性质或改作其他用途的，均应请（　）批准。

A. 上级工会　　B. 全国总工会

C. 主管工会　　D. 省级工会

36. （　）修订的《中国工会章程》，明确了“工会举办的各种文化、体育事业的收入”是工会经费的四个来源之一。

A. 中国工会七大　　B. 中国工会九大

C. 中国工会十大　　D. 中国工会十一大

37. （　）修订的《中国工会章程》，明确了“工会举办的事业的收入”是工会经费的四个来源之一。

A. 中国工会七大　　B. 中国工会九大

C. 中国工会十大　　D. 中国工会十一大

38. （　）修订的《中国工会章程》，明确了工会经费的来源包括“工会所属的企业、事业上缴的收入”。

A. 中国工会九大　　B. 中国工会十大

C. 中国工会十一大　　D. 中国工会十二大

39. 中国工会（　）探索并逐步建立起以职工社会化综合服务和职工福利保障为重点的有中国特色的工会社团产业体系。

A. 十大　　B. 十一大

C. 十二大　　D. 十三大

40. （　）通过的《中国工会章程（修正案）》提出“中华全国总工会对各级工会的资产拥有终极所有权”。

A. 中国工会十大　　B. 中国工会十一大

C. 中国工会十五大　　D. 中国工会十三大

41. （　），全国总工会书记处会议决定，成立职工劳动福利事业资产监督管理委员会，对全国职工劳动福利事业资产实行统一管理。

A. 2000 年 11 月　　B. 2003 年 11 月

C. 2002 年 11 月　　D. 2004 年 11 月

42. （　），经全国总工会书记处研究决定，中央机构编制委员会办公室批准，全国总工会事业发展部更名为中华全国总工会资产监督管理部，作为全国总工会工会资产监管机构。

A. 2004 年　　B. 2005 年

C. 2006 年　　D. 2007 年

43. 自（　）开始，全国总工会资产监督管理部每年向全国总工会经费审查委员会报告全国工会资产管理状况和资产监管工作。

A. 2004 年　　B. 2005 年

C. 2006 年　　D. 2007 年

44. 自（　），全总部署开展工人文化宫、工人疗休养院清理整改工作以来，经过各方面努力，全国县以上工人文化宫、工人疗休养院基本实现应清尽清、应改尽改，从根本上解决了工人文化宫、工人疗休养院整体出租承包、委托经营等突出问题。

A. 新中国成立时期

B. 改革开放时期

C. 全总资产监督管理部成立

D. 2016 年 9 月

45. 中国工会十六大通过的《中国工会章程（修正案）》，增加了（　）的内容。

A. 中华全国总工会对各级工会的资产拥有终极所有权

B. 工会兴办的企业、事业，坚持公益性、服务性

C. 产权关系

D. 工会资产的管理和使用办法由中华全国总工会制定

46. （　）通过的《中国工会章程（修正案）》，在总则中把维护职工基本权益、竭诚服务职工群众作为工会组织的基本职责。

A. 中国工会十一大　　B. 中国工会十五大

C. 中国工会十六大　　D. 中国工会十七大

47. 按照（　）分类方式，工会资产可分为非经营性资产和经营性资产。

A. 资产占有使用主体　　B. 资产性质

C. 资产存在的形态　　D. 资产使用方式

48. 以保值为基础、以增值为目的，直接投入生产经营过程中的工会资产是（　）。

C. 工会资产工作必须运用政治、经济、法律、行政等各种手段

D. 工会资产工作既是一项政治工作，也是一项经济工作

56. 关于坚持统一监管与分类监管的统一理解不正确的是（　）。

A. 统一监管是基础，没有统一监管，就谈不上分类监管

B. 分类监管没有统一监管重要

C. 对行政类资产、生产经营类事业单位资产、企业资产和工会社团类资产等要实行不同的监管制度和方式

D. 特别要重视对经营类资产的监督管理，确保工会资产的保值增值

57. 制度化、规范化、程序化是做好工会资产工作的（　）。

A. 根本保障　　B. 目标任务

C. 核心内容　　　　　　D. 关键环节

58. （　）提出“注重加强普惠性、基础性、兜底性民生建设，保障群众基本生活”等要求。

A. 党的十九届四中全会

B. 党的十九届三中全会

C. 党的十九届二中全会

D. 党的十九届一中全会

59. （　）是工会资产监管工作的枢纽。

A. 全国总工会资产监管

B. 省级工会资产监管

C. 市、县级工会资产监管

D. 地方工会资产监管

60. （　）的资产，属于国有资产，应作为国有资产登记入账。

A. 企业　　　　　　B. 国家拨付资金形成

C. 事业单位　　　　D. 企业工会

61. 工会资产监督管理机构是建立健全工会资产监督管

理体制的（　）。

A. 力量源泉　　B. 组织基础

C. 核心内容　　D. 关键环节

62. 落实工会资产监督管理机构的职责是建立健全工会资产监督管理体制的（　）。

A. 力量源泉　　B. 组织基础

C. 核心内容　　D. 关键环节

63. （　）是向职工提供文化体育、教育培训服务的阵地。

A. 工人文化宫　　B. 网络中心

C. 职工之家　　D. 帮扶中心

64. 加强工会资产工作制度建设，真正做到依法、依规、依制度规范工会资产工作，（　）是关键。

A. 执行　　B. 监督

C. 决策　　D. 提高

65. 切实维护工会资产工作制度权威是指完善制度监督制约，创新制度监督考评方式，建立健全以（　）

为主要内容的责任追究机制。

A. 批评　　B. 问责

C. 检讨　　D. 惩罚

66. 关于切实维护工会资产工作制度权威，下列表述不正确的是（　）。

A. 是一种政治责任执行

B. 是一种契约责任

C. 是一种程序要求

D. 只对各级工会组织负责

67. （　）是工会资产基础管理的核心环节，对于维护工会资产所有者权益，防止资产流失、提升资产配置效率和服务能力具有极为重要的意义。

A. 工会资产监督管理　　B. 工会资产产权管理

C. 工会资产统计　　D. 工会资产管理信息化

68. 工会资产的出资人权利不同于所有者权利，各级工会资产的出资人是（　），各级工会组织是各级工会资产的实际占有者和使用者。

A. 本级工会组织　　B. 全国总工会
C. 上级工会组织　　D. 主管工会组织

69. 关于工会资产产权管理，下列表述不正确的是（　）。
A. 工会资产产权界定是依法进行的
B. 明晰工会资产产权是加强工会资产产权管理的前提
C. 工会资产产权界定的结果具有法律效力，受到法律的保护
D. 各级总工会及所属事业单位占有使用的工会资产与国有资产范围一致

70. 按照有关规定，凡由工会会员缴纳的会费，建立工会组织的企业、事业单位、机关按每月全部职工工资总额的（　）向工会拨缴的经费，工会所属企业、事业单位上缴的收入及工会自筹资金等其他收入形成的资产，属于工会资产。
A. 2%　　B. 5%

C. 0. 5%　　　　　　　　D. 0. 2%

71. 工会维护工会资产产权主体的合法权益，下列表述不正确的是（　）。

A. 有利于维护工会资产所有者的权益

B. 对深化产权制度的改革没有实际作用

C. 有利于加强工会资产的管理

D. 为建立产权明晰、会企分开、职责明确、管理科学的法人治理结构创造条件

72. 工会资产产权登记的主体是（　），各级工会资产监督管理部门依法履行、确认工会资产的所有权。

A. 全国总工会资产监督管理机构

B. 上级工会资产监督管理机构

C. 政府土地、房屋管理部门

D. 本级工会资产监督管理机构

73. 关于工会资产产权登记，下列表述不正确的是（　）。

A. 内容是工会企事业的资产、负债、所有者权益

和工会行政性资产的产权现状

B. 性质不属于法律行为，无法律效力

C. 对象是指占有工会资产的行政机关和各类企事业单位

D. 各级工会资产监督管理部门依法履行、确认工会资产的所有权

74. 工会行政性资产产权登记的种类不包括（ ）。

A. 产权登记　　B. 占有产权登记

C. 变动产权登记　　D. 撤销产权登记

75. 2003 年，全国总工会办公厅发出《关于加强县以上工会占有使用土地资产管理的通知》，明确县以上工会（含县级工会机关及所属企事业单位）需变更土地占用权时，须先报（ ）审批后，再按有关法律、法规办理相关事项。

A. 全国总工会资产监督管理机构

B. 省级工会资产监督管理机构

C. 市级工会资产监督管理机构

D. 政府土地、房屋管理部门

76. 工会资产处置的资产价值参考依据是（　）。

A. 资产原价值　　B. 资产评估价格

C. 市场价格　　D. 政府定价

77. （　）负责对各级工会占有和使用的土地以及连同地面附着的房屋建筑物一并与工会系统以外单位进行使用权或产权转让、置换的全部事项进行审批。

A. 全国总工会　　B. 省级工会

C. 上一级工会　　D. 政府部门

78. 全国总工会负责对省级工会涉及（　）金额的资产配置、资产使用、资产处置事项进行审批。

A. 800 万元及以上　　B. 900 万元及以上

C. 1000 万元及以上　　D. 1100 万元及以上

79. 已经批复的工会房屋建筑物产权和土地使用权的工会资产处置事项，在实施过程中，上级工会和审批单位有责任对处置过程进行监督检查，原则上在全部处置过程完成前，根据实际处置情况至少实地检查（　）。

A. 两次　　B. 三次

C. 一次　　D. 四次

80. （　）是工会资产收益管理的起始环节。

A. 工会资产统计机制　　B. 工会资产分析机制

C. 工会预算约束机制　　D. 工会资产产权登记

81. 工会绩效评价机制是工会资产收益管理的（　）。

A. 核心环节　　B. 起始环节

C. 关键环节　　D. 重要环节

82. 工会资产统计级次共分（　）。

A. 五级　　B. 六级

C. 三级　　D. 四级

83. 工会资产报表可分为下列哪三个时段（　）。

A. 日报、月报、季报

B. 季报、半年报、年报

C. 月报、季报、年报

D. 月报、半年报、年报

84. 财政部在《关于进一步规范和加强行政事业单位国有资产管理的指导意见》中，明确“要依托行政事业单位资产管理信息系统，建立（　）的国有资产基础数据库”。

A. 全面、准确、具体、动态

B. 全面、准确、细化、静态

C. 全面、准确、细化、动态

D. 准确、细化、动态、丰富

85. 工会企事业是党和国家委托工会组织举办的服务职工的阵地，必须把（　）作为自己的灵魂。

A. 先进性　　B. 政治性

C. 群众性　　D. 公益性

86. （　）是群团组织履行职责使命的内在要求。

A. 先进性　　B. 政治性

C. 群众性　　D. 公益性

87. （　）是群团组织的本质特征。

A. 先进性　　B. 政治性

C. 群众性　　D. 公益性

88. （　）是工会工作的生命线和根本工作路线。

A. 政治路线　　B. 群众路线

C. 组织路线　　D. 服务路线

89. 《中国工会章程》规定，维护职工合法权益、竭诚服务职工群众是工会的（　）。

A. 基本职责　　B. 基本目标

C. 基本路线　　D. 总方针

90. 《中国工会章程》规定，工会兴办的企业、事业，坚持（　），坚持为改革开放和发展社会生产力服务，为职工群众服务，为推进工运事业服务。

A. 公益性、服务性　　B. 群众性、公益性

C. 群众性、服务性　　D. 服务性、营利性

91. 工会组织最大的优势是（　）。

A. 密切联系职工群众

B. 坚持公益性服务性

C. 勤俭办事业

D. 维护工会资产所有者利益

92. （　）是工会企事业的基本属性，决定了工会企事业必须始终坚持正确的政治方向。

A. 政治属性、工会属性

B. 公益性、服务性

C. 非营利性、服务性

D. 经济属性、社会属性

93. 提高职工群众的文化修养和道德水平，弘扬社会主义先进文化的是（　）。

A. 工人文化宫　　B. 职工学校

C. 职工互助保障组织　　D. 工人体育场（馆）

94. 各级工会组织要把支持工会企事业改革发展作为一项长期战略任务，建立和完善以（　）为主的工会企事业重点扶持机制。

A. 资产增值　　B. 资金投入

C. 政策扶持　　D. 自主盈利

95. 在人才保障方面，要树立（　）是基础、人才是关键的理念，把加强工会企事业人才队伍建设作为一项战略性任务来抓。

A. 工会会员　　B. 队伍

C. 工会干部　　D. 群众

96. 根据《国家基本公共文化服务指导标准》，县级以上公共文化机构从业人员每年参加脱产培训时间不少于（　）。

A. 13 天　　B. 15 天

C. 18 天　　D. 20 天

97. 健全完善职工服务阵地“两性两化”运作机制中的“两性两化”是指（　）。

A. 公益性服务性，社会化技术化

B. 市场性服务性，公益化社会化

C. 公益性服务性，社会化、专业化

D. 公益性服务性，社会化市场化

98. 职工文体教育阵地除了具备公益性服务性以外，与其他工会企事业相比还具有（　）的特点。

A. 社会保障性、专业性　B. 专业性、权威性
C. 专业性、技术性　D. 权威性、社会保障性

99. （　）是工会组织培养职工职业精神，培育劳模精神、劳动精神、工匠精神的重要抓手。
A. 素质培养　B. 职工文化
C. 企业文化　D. 职业教育

100. （　）是工人阶级中发挥支撑作用的主体力量。
A. 技术人才　B. 职工群众
C. 产业工人　D. 青年职工

101. 工会资产监督管理机构和职工互助保障组织业务管理部门（机构）对职工互助保障组织的监督管理主要采取（　）的方式。
A. 现场监督管理
B. 非现场监督管理
C. 现场监督管理与非现场监督管理相结合
D. 统一监督管理

102. 职工疗休养服务事业具有（　）的特点。

A. 社会保障性、集体福利性、专业性

B. 权威性、社会保障性、专业性

C. 社会保障性、集体福利性、公益服务性

D. 集体福利性、公益服务性、技术性

103. 全面提升工人疗休养院的管理水平和服务质量，要以（　）为基础，以（　）为核心，以（　）为目的。

A. 医疗康复　职业康复　促进患病职工回归社会、劳动岗位及家庭性

B. 职业康复　医疗康复　促进患病职工回归社会、劳动岗位及家庭性

C. 促进患病职工回归社会、劳动岗位及家庭性　职业康复　医疗康复

D. 职业康复　医疗康复　恢复职工身体健康

104. 关于积极发展职工健康管理产业，下列表述不正确的是（　）。

A. 将职工从健康管理的终身受益者转变为一次体

检的健康体验者

B. 在现有的职工体检业务的基础上，对职工健康和疾病进行延伸服务

C. 建立电子档案，做好咨询跟踪服务，打造为职工提供全面的健康保障服务的健康管理中心

D. 利用工人疗休养院等工会服务场所，积极开拓职工健康管理业务

105. 依托全国工会系统完善的组织体系，中国职工互助保障形成了（ ）的发展模式。

A. 会员制、低成本、低缴费、非营利性

B. 会员制、低成本、低缴费、营利性

C. 非会员制、低成本、低缴费、营利性

D. 会员制、高成本、低缴费、非营利性

106. 职工互助组织的最高权力机构是（ ）。

A. 本级工会组织　　B. 全国总工会

C. 会员代表大会　　D. 上一级工会组织

107. 关于工会职工互助保障活动，下列表述不正确的

是（　）。

A. 要坚持会事分开，管办统一

B. 以“统一监管，省市运作，机构独立”为原则

C. 合理界定各级工会的主办职责、监管职责和互助保障组织的运营管理权限，创新管理模式

D. 建立行政监管与行业自律有机结合的监管体系

108. 在推进互助保障产品供给侧改革时，需要（　）。

A. 建立以医疗、大病和意外为主体的互助保障产品体系

B. 满足工会干部多元化保障需求

C. 仅把新就业形态劳动者纳入互助保障活动范围

D. 提倡开展长期、储金型互助保障产品活动，全面清理清退中短期保费型互助保障

109. 工会规范和发展职工互助保障事业，在改革和完善治理体系中，需要明确各级工会的监管职责，下列关于监管职责表述不正确的是（　）。

A. 全国总工会资产监督管理部负责对全国、地方

和产业工会的职工互助保障组织进行统一监管和业务指导

B. 重点加强对互助保障活动内容、经营管理行为、资金使用、风险控制能力的监管

C. 完善重大决策、重大事项、大额资金使用的报备、报批机制，加强对关键岗位、关键人的监督问责

D. 应当建立内部稽核和外部审计机制，每年度定期对互助保障组织经济行为和财务活动进行会计和审计监督，审计结果报上级监管部门备案

110. 下列表达不属于坚持职工互助保障正确的发展方向的是（　）。

A. 坚守服务职工的公益属性

B. 坚持互助的组织特色

C. 坚定维护职工医疗保障权益的目标

D. 坚守营利为主的经济属性

111. 关于落实互助保障组织经营管理自主权，下列做

法不正确的是（　）。

A. 互助保障组织作为独立法人，与主办工会在组织、人员和财产等方面分离

B. 按照国家政策法规和全国总工会互助保障管理相关规定，建立统一管理制度体系

C. 依法依规经营管理，主要行使内部机构设置、中层及人事任免、人才招聘、内部绩效考核、薪酬管理、年度预算管理等权力

D. 互助保障组织不承担经营管理责任

112. 实现（　）的转变，是工会事业单位改革的中心任务。

A. 从"公益事业单位"到"传统事业单位"再到"现代公益事业组织"

B. 从"传统事业单位"到"公益事业单位"再到"现代公益事业组织"

C. 从"现代公益事业组织"到"公益事业单位"再到"传统事业单位"

D. 从"传统事业单位"到"服务性事业单位"再

到“现代公益事业组织”

113. 工会事业单位的基本特点具有（　）。

A. 服务宗旨的独立性、服务对象的公益性、服务主体的独立性

B. 服务宗旨的广泛性、服务对象的公益性、服务主体的独立性

C. 服务宗旨的公益性、服务对象的广泛性、服务主体的独立性

D. 服务宗旨的公益性、服务对象的独立性、服务主体的广泛性

114. 工会企业资产占工会资产总量的比重（　），布局（　），服务面（　）。

A. 分散　较少　集中　B. 较少　分散　集中

C. 较少　集中　分散　D. 分散　集中　较少

115. 下列关于工会企业改革表述不正确的是（　）。

A. 工会企业改革的方向是建立股份制企业制度

B. 工会企业改革要关注转换企业经营机制、健全

法人治理结构、加强民主管理、加强党的领导等重点环节

C. 工会企业改革要转换经营机制

D. 工会企业改革要健全法人治理结构

116. （　）配备专（兼）职人员，对本级工会资产实施统一管理。

A. 全国总工会

B. 省市级以上工会应设立资产管理部门

C. 县以上工会应设立资产管理部门

D. 各级工会应设立资产管理部门

117. 关于工会固定资产的日常管理，下列表述不正确的是（　）。

A. 工会机关、基层工会和事业单位要明确资产管理部门

B. 必须是专职人员对本单位占有使用的固定资产实施日常管理

C. 固定资产管理人员对所管资产的安全与完整

负责

D. 固定资产管理人员应相对稳定，其工作调动时必须办清交接手续

118. 中国工人出版社是中华全国总工会直属的出版机构，也是全国工会系统唯一的国家级综合性出版社，成立于（　）

A. 1949 年 7 月 15 日　　B. 1950 年 7 月 15 日

C. 1951 年 7 月 15 日　　D. 1952 年 7 月 15 日

119. 专用设备是工会固定资产的一类，属于专用设备的是（　）。

A. 交通工具　　B. 通信工具

C. 医疗器械　　D. 雕塑

120. 房屋及建筑物是工会固定资产的一类，属于建筑物的是（　）。

A. 仓库　　B. 建筑物内的电梯

C. 水气管道　　D. 雕塑

121. 关于工会固定资产计价，下列表述不准确的

是（　）。

A. 购入、有偿调入的固定资产，按实际支付的买价、调拨价以及运杂费、保险费、安装费、车辆购置附加费等记账

B. 自行建造的固定资产，按建造过程中实际发生的全部支出记账

C. 盘盈的固定资产，按照重置完全价值入账

D. 购置固定资产过程中发生的差旅费，计入固定资产价值

122. （　）按原值入账，不实行折旧。

A. 工会固定资产　　B. 流动资产

C. 无形资产　　D. 企业资产

123. 关于购入、有偿调入和自制、自建完工交付使用增加的固定资产，下列表述不正确的是（　）。

A. 应由上一级工会资产管理部门及时组织验收

B. 属于技术设备的还应会同技术部门验收，并建立技术档案

C. 验收合格后，由单位资产管理部门根据发票、固定资产调拨单或基建、自制项目交付使用验收单据等凭证

D. 填制固定资产增加通知单，办理有关入库、财务报销和使用单位领用等手续

124. 关于调出、变卖、投资、损失、报废、盘亏等减少固定资产的处置流程，下列表述正确的是（　）。

A. 由单位资产使用部门提出申请，单位资产管理部门审核鉴定、提出意见并报单位财务部门同意，经单位主管领导（或领导办公会议）审批，并报主管工会或上一级工会核准或备案

B. 由单位资产使用部门提出申请，单位资产管理部门审核鉴定、提出意见，经单位主管领导（或领导办公会议）审批，并报主管工会或上一级工会核准或备案

C. 由单位资产使用部门提出申请，经单位主管领导（或领导办公会议）审批，单位资产管理部

门审核鉴定、提出意见报单位财务部门同意，并报主管工会或上一级工会核准或备案

D. 由单位资产使用部门提出申请，单位资产管理部门审核鉴定、提出意见并报单位财务部门同意，报主管工会或上一级工会核准或备案

125. 关于单位如何管理工会固定资产，下列内容不正确的是（　）。

A. 处置固定资产须填写有关工会固定资产处置报批单，据单入账

B. 对库存的固定资产，要按照各类资产的使用说明和存放要求进行保管，填写保管单并定期检查

C. 单位任何人可以领用或调换库存固定资产

D. 工作人员离职时，在其办理所用资产交还手续后，方可办理离职手续

126. 各单位资产部门对验收入库及投入使用的固定资产，须建立（　）。

A. 工会固定资产年度增减变动统计表

B. 工会固定资产卡片

C. 工会固定资产明细账

D. 工会固定资产领用（出库）单

127. 各单位资产管理部门、财务部门和使用部门应（　）对账一次，使账实、账卡、账账保持一致。

A. 一年　　B. 半年

C. 三个月　　D. 一个月

128. 各级工会依法履行本级工会企业出资人职责，对本级工会企业资产进行（　）监督管理。

A. 分级　　B. 外部　　C. 统一　　D. 内部

129. 根据《企业资产管理办法》，下列不属于工会资产监督管理机构监督管理工会企业资产的主要职责的是（　）。

A. 贯彻执行党和国家以及全总有关企业资产管理的法律、法规和政策，研究制定工会企业资产监督管理的规章制度，并对执行情况进行监督

检查

B. 指导工会企业完善法人治理结构，建立符合工会工作实际的现代企业制度

C. 对工会资产监督管理工作人员和工会企业经营管理人员进行培训

D. 切实加强监督管理，承担监督所监管单位工会资产保值增值的责任

130. 各级工会资产监督管理机构根据（ ）授权，履行本级工会企业出资人代表职责。

A. 全国总工会

B. 同级工会

C. 省级工会

D. 上一级工会资产监督管理机构

131. 工会企业享有国家有关法律、法规和制度规定的企业经营自主权，应该（ ）。

A. 实行所有权与经营权分离

B. 实行所有权与经营权不分离

C. 提高经济效益，单对其经营管理的工会资产不承担保值增值责任

D. 不需要接受工会经审组织审计监督

132. 全国总工会负责审批的工会企业资产事项是（　）。

A. 省级工会所属本级企业占有和使用的土地以及连同地面附着的房屋建筑物一并与工会系统以外单位进行产权转让的事项

B. 省市级工会本级行政事业性资产变更为企业资产事项中涉及土地和房屋建筑物的事项

C. 省级工会本级行政事业性资产变更为企业资产事项中涉及固定资产的事项

D. 各级工会所属本级企业占有和使用的土地以及连同地面附着的房屋建筑物一并与工会系统以外单位进行产权转让的事项

133. 根据《企业资产管理办法》，针对工会企业资产重大事项管理，主管工会承担的管理事项不包

括（　）。

A. 主管工会及所属企业要切实履行管好用好工会资产的主体责任，严格执行“三重一大”决策制度，重大事项必须党组（党委）集体决策并按程序报批

B. 主管工会指导所属企业健全完善资产监管制度

C. 主管工会指导所属企业坚持党的领导和公司治理有机统一，充分发挥工会企业党组织的领导作用，建立健全现代企业制度

D. 设立符合主业定位并对出资企业具有重要影响的子企业等重大事项

134. 工会企业不得整体出租、承包和委托经营，部分出租、承包和委托经营的期限原则上不得超过（　）。

A. 2 年　　B. 5 年

C. 3 年　　D. 1 年

135. （　）可对产权关系清晰、管理较为规范的所属

工会独资企业进行工会资产授权经营。

A. 全国总工会　　B. 主管工会

C. 省级工会　　D. 上一级工会

136. 关于工会企业负责人经营业绩考核制度，下列表述不正确的是（　）。

A. 主管工会资产监督管理机构与本级企业负责人签订经营业绩目标责任书，根据经营业绩目标责任书实施分类考核和目标管理，引导工会企业实现高质量发展

B. 经营业绩考核只以年度为考核期

C. 工会企业考核目标应始终把社会效益放在首位，努力实现社会效益和经济效益的有机统一

D. 健全权责利相统一的有效激励约束机制

137. 工会企业产权转让方式不包括（　）。

A. 招标　　B. 拍卖

C. 挂牌　　D. 私下交易

138. 各级工会应加强工会企业资产的管理与监督，建

立监督检查制度。坚持（　）相结合，对本级所属企业和下级工会企业资产管理情况进行日常监督与专项检查。

A. 事前监督、事后监督

B. 事前监督、事中监督、事后监督

C. 事前检查、事中检查、事后检查

D. 事前检查、事中监督、事中检查

139. 职工互助保障组织是指依托各级工会组织，以（　）方式为职工提供保障服务的（　）法人组织。职工互助保障活动是指各级工会职工互助保障组织为维护职工（　）等保障权益而开展的职工互助互济活动。

A. 互助互济　非营利性　医疗、健康

B. 互帮互助　非营利性　医疗、健康

C. 互帮互助　营利性　医疗、健康

D. 互助互济　非营利性　保险医疗

140. 职工互助保障组织应当坚持服务职工的（　），坚持互助的组织特色，坚持发挥对社会保障的（　）。遵循依法（　），成本、风险可控的原则，切实维护职工和会员权益。

A. 公益属性　主要作用　独立承担责任

B. 服务属性　非营利性　独立承担责任

C. 服务属性　补充作用　独立承担责任

D. 公益属性　补充作用　独立承担责任

141. （　）对全国职工互助保障组织进行资产监督管理和业务指导。

A. 全总资产监督管理部

B. 全总财务部

C. 全总经费审查委员会

D. 中国职工保险互助会

142. 建立健全全国职工互助保障行业自律组织，由中国职工保险互助会承担其职能，行使职责，其职责范围不包括（　）。

A. 促进职工互助保障组织间的沟通交流，积极开

展教育培训，提升职工互助保障活动从业人员队伍专业能力

B. 统筹推进职工互助保障活动宣传和品牌建设

C. 地方职工互助保障组织提供咨询、服务。地方职工互助保障组织应作为团体会员，加入中国职工保险互助会

D. 指导全国职工互助保障组织自律工作

143. 设立职工互助保障组织应当经（　）批准，在相关部门登记注册并依法取得法人资格。

A. 全总资产监督管理部

B. 本级工会

C. 全总经费审查委员会

D. 中国职工保险互助会

144. 职工互助保障组织的停办、撤销需经（　）同意并依据相关法律法规及规定办理，确保资金、资产安全完整，切实维护入会职工权益。

A. 主办工会　　B. 本级工会

C. 省级工会　　　　　　D. 全国总工会

145. 职工互助保障活动主要面向（　）。

A. 在职职工　　　　　　B. 全体会员

C. 工会会员　　　　　　D. 工会干部

146. 职工互助保障活动项目保障期限一般控制在（　），保障项目设计必须进行科学测算，并向本级和上级工会职工互助保障活动监管部门（机构）备案。

A. 三年（含）以内　　　B. 二年（含）以内

C. 五年（含）以内　　　D. 一年（含）以内

147. 职工互助保障组织工作不包括（　）。

A. 建立符合职工互助保障活动特色的财务制度

B. 建立完整的统计分析制度

C. 建立健全偿付能力管理、稽核审计、合规管理等内部控制制度

D. 职工互助保障组织可根据有关规定自行决定本组织的停办、撤销

148. 职工互助保障资金应当由（　）集中统一管理。资金管理应遵循合法合规性、安全性、流动性原则，根据资金性质实行资产负债管理和全面风险管理，做好资产保值增值。

A. 具有法人资格的职工互助保障组织

B. 主办工会

C. 中国职工保险互助会

D. 全总资产监督管理部

149. 职工互助保障组织资金可用于购买（　）等低风险固定收益类产品。

A. 股票　　B. 基金

C. 债券　　D. 国债

150. 职工互助保障组织应当建立健全内部稽核和外部审计制度。每年至少（　）对职工互助保障活动资金管理情况进行内部稽核。

A. 二次　　B. 三次

C. 一次　　D. 四次

151. 关于对职工互助保障组织监督管理的内容，下列表述不正确的是（　）。

A. 工会资产监督管理机构和职工互助保障组织业务管理部门（机构）对职工互助保障组织的监督管理主要采取现场监督管理与非现场监督管理相结合的方式

B. 建立健全监督审计制度，将职工互助保障活动资金管理情况、偿付能力状况等列入重点监督检查范围

C. 职工互助保障组织应按规定及时报送偿付能力报告、业务统计报告、年度审计报告及其他有关报告、报表文件和资料

D. 各级工会资产监督管理机构和职工互助保障组织业务管理部门（机构）应向本级工会汇总本地区互助保障组织上述报告

152. 关于工会不动产产权登记，下列内容不正确的是（　）。

A. 工会资产不动产产权登记不具有法律效力

B. 工会资产不动产产权登记的范围包括产业工会、基层工会及其所属企事业单位所有以及依法占有与使用的房屋和土地

C. 工会资产不动产产权登记的对象是指占有工会资产不动产的行政机关和各类企事业单位

D. 工会资产产权登记，主要是指各级工会对应属本级工会所有的资产，向政府资产管理部门和上级工会资产监督管理机构进行产权登记，依法确认工会对工会资产的所有权以及工会行政、企事业单位占有、使用工会资产的法律行为

153. 工会资产产权登记工作的主要任务是（　）。

A. 依法办理不动产产权证书

B. 制定规范章程和工作流程

C. 负责统计分析，提供查询服务

D. 负责数据资料的整理、保管和备份

154. 下列不属于资产监督检查的方式的是（　）。

A. 全面检查　　　　　B. 自查

C. 现场检查　　　　　D. 第三方审计检查

155. 主管工会在企业不同生命周期享有不同权限，其职责范围不包括（　）。

A. 在工会企业开办和终止阶段，决定其所属企业中的工会独资企业的分立、合并、破产、解散、增减资本等重大事项

B. 在工会企业经营阶段，指导所属企业坚持党的领导和公司治理有机统一

C. 在工会企业经营阶段，建立健全现代企业制度，形成各司其职、各负其责、协调运转、有效制衡的企业法人治理结构

D. 在工会企业开办和终止阶段，对产权关系清晰、管理较为规范的所属工会独资企业进行工会资产授权经营

156. 党和政府以及机关企事业单位通过（　）形成资产。

A. 投资　　B. 出资

C. 自我发展　　D. 无偿划拨和拨款

157. 在做好单位固定资产管理工作方面，下列表述不正确的是（　）。

A. 资产配置管理是做好固定资产管理工作的第一步

B. 固定资产使用管理包括单位自用和对外投资、出租、出借等方面的管理

C. 固定资产处置管理是指对固定资产调拨、划转、出让、转让、置换、货币性资产损失核销等处置方式的管理

D. 在管理固定资产的过程中很少处理基础数据

158. 2016 年 12 月，全国人大审议通过《公共文化服务保障法》，把（　）纳入公共文化设施范畴。

A. 工人体育场馆、职工书屋

B. 工人文化宫、职工书屋

C. 科技馆、工人文化宫

D. 工人文化宫、公益性图书馆

159. 各级工会要加强对工人文化宫阵地管理事项的审批管理，下列表述不正确的是（　）。

A. 全国总工会负责工会所属工人文化宫的不动产处置、新建项目的审批（备案）工作

B. 工人文化宫被列入拆迁改造范围的，要坚持先建后拆、拆旧建新、拆小建大

C. 要加大工人文化宫品牌保护力度，未经全国总工会批准不得随意撤销工人文化宫机构

D. 工会阵地承担工人文化宫功能、开展职工文体活动的，应加挂工人文化宫的牌子

160. 工人体育场馆是党和国家支持工会组织建设的，下列内容不正确的是（　）。

A. 用于开展体育竞赛、训练和健身娱乐等职工体育活动的公益性体育场馆

B. 主要包括体育场、体育馆和游泳馆

C. 不具有专业性、技术性的特点

D. 全国最具代表性的工人体育场馆是北京工人体育场

161. 全国总工会组织部制定《全国工会干部教育培训院校评估细则》，设置主管部门职责、培训设施建设、院校制度建设、课程内容设置、师资队伍建设、培训质量效益、创新方式方法、校风教风学风（ ）项一级指标和（ ）项二级指标，对工会干部院校进行调研评估并确定等次。

A. 8，45　　B. 45，8

C. 5，32　　D. 32，5

162. 下列选项不属于工会资产特征的是（ ）。

A. 政治属性　　B. 特殊性

C. 自主性　　D. 经济性

163. 工会资产监督管理机构对企事业资产的保值增值监督的内容不包括（ ）。

A. 建立工会资产保值增值指标体系，通过统计、稽核等方式对本级企事业单位工会资产的保值

增值情况进行监督

B. 建立健全资产经营目标责任制，对本级工会企事业单位经营业绩进行考核

C. 每年向工会经费审查委员会报告企事业资产情况

D. 组织清产核资、产权登记、资产评估、资产统计、资产处置等工会资产的基础管理和产权管理工作

164. 工会资产监督管理机构对企事业单位资产管理和运营情况进行监督检查的内容不包括（　）。

A. 资产监督管理制度落实情况

B. 本单位资产监督管理制度制订和落实情况

C. 资产管理和运营情况以及经营业绩考核指标完成情况

D. 每年向工会经费审查委员会报告企事业资产情况

165. 工会资产监管机构对本级企事业单位资产监管的

内容不包括（　）。

A. 以产权管理为核心的资产基础监督管理

B. 资产监督管理制度落实情况

C. 对企事业资产的保值增值进行监督

D. 对企事业负责人的经营管理行为进行监管

166. 关于加强工会资产工作者队伍建设的工作，下列表述不正确的是（　）。

A. 加强政治建设，坚持正确政治方向

B. 做好工会资产工作，必须有一支高素质的工会资产工作者队伍

C. 广大工会资产工作者要自觉增强党性修养，努力学习业务知识

D. 工会资产工作者仅指各级工会资产监督管理部门的干部

167. 工会资产产权登记的对象是指占有工会资产的行政机关和各类企事业单位，下列选项属于工会行政性资产产权登记种类的是（　）。

A. 产权登记年度检查　B. 占有产权登记
C. 变动产权登记　D. 注销产权登记

168. 工会资产工作制度建设的（　）是依靠制度建设管好用好工会资产，坚持正确政治方向。
A. 基本要求　B. 根本要求
C. 主要目标　D. 基础目标

169. （　）是工会资产服务职工的象征和标志。
A. 工会资产服务品牌
B. 工会资产服务阵地标识
C. 工会资产所有者权益
D. 工会资产公益性服务性

170. 2021 年最新修订的《工会法》规定："工会的财产、经费和国家拨给工会使用的（　），任何组织和个人不得侵占、挪用和任意调拨。"
A. 房屋土地　B. 设备设施
C. 不动产　D. 服务场所

171. 工会兴办的企业、事业，坚持（　），坚持为改革开放和发展社会生产力服务，为职工群众服务，为推进工运事业服务，这是工会企事业单位的基本宗旨。

A. 政治性、先进性　　B. 先进性、群众性

C. 群众性、公益性　　D. 公益性、服务性

172. 工会所属的为职工服务的企业、事业单位，其（　）不得随意改变。

A. 管理关系　　B. 财务关系

C. 人事关系　　D. 隶属关系

173. 工会资产产权界定是指划分工会资产（　）以及占有使用、收益和处分等权利的归属，明确工会资产产权主体行使权利的资产范围及管理权限的法律行为。

A. 所有权　　B. 使用权

C. 物权　　D. 经营权

174. 工会资产统计级次共分（　），报告期为（　）。

A. 四级　月报　　B. 四级　年报

C. 六级　月报　　D. 六级　年报

175. 建立健全工会资产工作报告制度，要求县级以上工会资产监督管理机构应当定期向（　）工会资产监督管理机构和（　）工会经费审查委员会报告所辖工会资产监督管理工作、资产保值增值状况和其他重大事项。

A. 上一级　上一级　　B. 上一级　同级

C. 同级　上一级　　D. 同级　同级

176. 工会行政事业性资产是属于工会所有的（　）。

A. 国有资产　　B. 集体资产

C. 固定资产　　D. 社团资产

177. 按照全国总工会"十四五"规划的要求，实施工会企事业经营业绩考核工作专项行动，到（　）底实现各级工会对本级工会企事业单位经营业绩考核全覆盖。

A. 2022 年　　B. 2023 年

C. 2024 年　　D. 2025 年

178. 工会行政事业单位与工会系统以外其他单位进行资产置换，置换给工会的房屋、土地（ ）不得低于原址，权属合法、无争议、证明齐全，建设资金要有保证，地理位置要合理。

A. 面积和资产评估价值

B. 资产和资金

C. 面积和资金

D. 资金和资产评估价值

179. 工会所属生产经营类事业单位资产、工会所属事业单位和企业单位投资形成的企业资产、企业工会所办（ ）资产管理，参照《工会固定资产管理办法》执行。

A. 服务阵地　　B. 基金会

C. 社会团体　　D. 企事业单位

180. 主管工会决定其所属企业的重大事项包括：主管工会决定其所属企业中（ ）的分立、合并、破产、解散、增减资本等重大事项。

A. 工会独资企业　　B. 工会控股企业

C. 工会参股企业　　D. 工会所属企业

181. 主管工会可按照（　）的原则，对所属同类同质工会企业进行整合重组，实行统一经营管理。

A. 业务相近行业相关优势互补

B. 行业相近优势相关业务互补

C. 行业相近业务相关优势互补

D. 行业不同业务相关优势互补

182. 工会企业不得整体出租、承包和委托经营，部分出租、承包和委托经营的期限原则上不得超过（　）年。

A. 5　　B. 10

C. 15　　D. 20

183. 工会企事业单位应向主管工会上缴工会资产的（　）。

A. 经营收入　　B. 经营效益

C. 经营利润　　D. 经营收益

184. 各级工会资产监督管理机构代表本级工会履行出资人相关职责，依法依规对其本级企事业单位资产实行（　）监督管理，维护所有者权益。

A. 统一、分类　　B. 统一、自主

C. 分级、分类　　D. 分级、自主

185. 健全完善工会企业负责人经营业绩考核制度，考核目标应突出不同类型工会企业考核重点，始终把（　）放在首位，合理设置经营业绩考核指标及权重。

A. 经济效益　　B. 社会效益

C. 经营利润　　D. 企业收入

186. 各级工会根据所属工会企事业单位的不同功能和类别，健全完善工会资产运营绩效和（　）考核机制，强化考核刚性约束，逐步把考核结果与工会企事业单位领导班子薪酬挂钩，并作为干部职务任免的重要依据。

A. 经营利润　　B. 年度任务

C. 经营业绩　　　　D. 收支结余

187. 各级工会资产监督管理机构对其本级企事业单位进行监督检查的方式，分为（　）、企事业单位自查、第三方审计检查。

A. 全面调研　　　　B. 全面检查

C. 全面抽查　　　　D. 全面检查或抽查

188. 工会企事业单位应接受主管工会（　）监督管理，定期向主管工会资产监督管理机构报告财务状况、生产经营状况和工会资产保值增值状况等，不得损害工会资产所有者权益。

A. 组织部门　　　　B. 财务部门

C. 经费审查委员会　　D. 资产监督管理机构

189. 2016 年 12 月，全国人大常委会审议通过（　），把工人文化宫定位为公共文化设施，从根本上明确了工人文化宫的法律地位和政府的保障责任。

A.《公共文化体育设施条例》

B.《公共文化服务保障法》

C. 《文化产业促进法》

D. 《工会法》

190. 各地工会始终坚持公益性服务性方向，积极稳妥探索工人文化宫社会化市场化运作方式，努力实现把（　）放在首位、社会效益和经济效益相统一的工作要求。

A. 政治效益　　B. 经济效益

C. 社会效益　　D. 文化效益

191. 工人文化宫在建设方面应加强顶层设计，科学统筹管理，坚持鼓励恢复重建、倡导（　）、规范控制新建的工作方针。

A. 维修改建　　B. 扩大规模

C. 异地置换　　D. 豪华装修

192. 2016年颁布的《公共文化服务保障法》明确（　）是承担公共文化服务工作的责任主体，规定了政府在公共文化设施建设和公共文化服务组织、管理、提供、保障中的职责。

A. 各级工会组织　　B. 各级人民政府

C. 省级工会组织　　D. 省级人民政府

193. 1949年7月15日，中华全国总工会机关报《工人日报》在原北平《大众日报》基础上创刊，（　）同志为报纸题写了刊头。

A. 毛泽东　　B. 周恩来

C. 刘少奇　　D. 邓小平

194. 《中国工会章程》规定，工会会员享有工会提供的文化、教育、体育、旅游、（　）、互助保障、生活救助、法律服务、就业服务等优惠待遇。

A. 养老　　B. 医疗

C. 疗休养　　D. 个税减免

195. 《中国工运事业和工会工作"十四五"发展规划》指出，要推动职工旅行社、工会宾馆等积极承担（　）等公益服务业务。

A. 劳模、职工疗休养　B. 公司会议、培训

C. 社会团体旅游　　D. 党性教育培训

196. 全总资产部对全国劳动模范疗休养基地实行动态管理，采取（　）与实地抽查相结合的方法，每年进行考核评估。

A. 座谈交流　　B. 年度考核

C. 问卷测评　　D. 检查评议

197. 工会疗休养事业经费是中央财政按年度纳入预算，用于补助工会所属工人疗休养院（　），支持职工疗休养事业发展的项目资金。

A. 发放职工工资福利

B. 承接职工疗休养活动

C. 工程、设备购置支出

D. 对个人和家庭的补助

198. 纳入政府（工会资金）集中采购目录内或集中采购目录以外但达到（　）限额标准以上的货物、服务和工程项目，必须履行政府（工会资金）的采购程序，按照全总制定的管理办法以及实施细则的相关要求执行。

A. 分散采购　　　　B. 公开招标

C. 自行采购　　　　D. 集中采购

199. 各级工会开展职工互助保障活动要在全民医保的整体框架下，加强与政府（　）、大病保险和工会帮扶工作的有效衔接。

A. 基本医疗保险　　　　B. 养老保险

C. 失业保险　　　　D. 生育保险

200. 按照“（　）”的原则，职工互助保障组织确定省级统筹或省级管理、市级统筹的规范治理结构。

A. 统一监管，统一管理

B. 分级监管，统一管理

C. 统一监管，分级管理

D. 分级监管，分级管理

多项选择题

扫码闯关答题

1. 按照资产占有使用主体，工会资产可分为（　）。

A. 行政性资产　　B. 事业性资产

C. 企业资产　　D. 政府资产

2. 依据《工会法》和《中国工会章程》的规定，我国工会资产主要是由（　）形成的。

A. 党和政府拨付　　B. 工会投资

C. 社会各界捐赠转让　　D. 企业税收

3. 工会资产的作用是（　）。

A. 工会开展工作的重要保障

B. 工会为职工服务的重要阵地

C. 工会服务国家经济社会发展的重要力量

D. 工会壮大自身实力的重要标志

4. 全国总工会、地方总工会、产业工会、基层工会对自己所占有使用和管理的工会资产享有（　）的权利。

A. 占有　　B. 使用　　C. 收益　　D. 处分

5. 工会资产的产权是由各所属工会管理行使的，工会资产的使用权、管理权和收益权是由所属工会执行的。因此，各级工会应当（　）。

A. 加强对工会资产的监督管理，依法保护工会资产不受损害，促进工会资产保值增值

B. 要重视本级工会资产监督管理机构建设，充分发挥其作用

C. 要加强对所属工会企事业单位资产监督管理工作

D. 大力推动工会企事业改革发展，使工会资产不断发展壮大

6. 下列属于落实工会出资人制度的措施的是（　）。

A. 强化工会资产财务监督

B. 做好工会资产经营业绩考核工作

C. 做好重大事项报告管理工作

D. 加强对所属工会企事业单位资产监督管理

7. 工会出资人制度的内容是（　）。

A. 工会出资人代表制度

B. 工会资产产权监管制度

C. 工会企事业法人财产权制度

D. 激励与约束制度

8. 工会资产工作的任务是（　）。

A. 工会资产监督管理

B. 做好工会资产经营业绩考核工作

C. 工会企事业改革发展

D. 加强对所属工会企事业单位资产监督管理

9. 工会加强工会资产工作者队伍建设要（　）。

A. 忠诚党的事业，确保政治过硬

B. 加强能力建设，确保本领高强

C. 勇于责任担当，确保作风优良

D. 严格遵纪守法，确保清正廉洁

10. 工会资产是（　）。

A. 工会履行基本职责、构建服务职工长效机制的有效载体

B. 工会发挥桥梁纽带作用、团结吸引凝聚职工群众的重要阵地

C. 工会组织的重要标识

D. 工会会员所有

11. 健全完善工会资产监督管理体制有利于（　）。

A. 保护工会资产安全完整

B. 实现工会资产统一有效管理

C. 落实分级管理的要求

D. 实现科学分类管理

12. 工会资产监督管理体制改革的工作原则包括（　）。

A. 党的领导原则　　B. 统一监管原则

C. 分类监管原则　　D. 统一归口原则

13. 全国总工会履行终极所有权主要体现在（　）。

A. 实现工会资产统一有效管理

B. 制定工会资产监督管理原则和规章制度，规范

和指导全国各级工会资产监督管理和运营的行为

C. 保留对工会资产的最终处置权

D. 大力推动工会企事业改革发展，使工会资产不断发展壮大

14. 工会资产监督管理体制改革的工作要求是（　）。

A. 强化依法监管　　B. 坚持问题导向

C. 系统整体推进　　D. 加强组织领导

15. 工会资产工作制度建设的重要意义是（　）。

A. 深入学习贯彻中央党的群团工作会议精神、深化工会改革创新的必然要求

B. 贯彻落实全面依法治国基本方略、推进工会资产工作法治化的必然要求

C. 加强工会组织重要标识单位建设的必然要求

D. 加强工会资产监督管理工作、推动工会资产工作高质量发展的必然要求

16. 加强工会资产工作制度建设，把实践经验上升为制

度成果，应（　）。

A. 健全工会资产基础管理制度

B. 健全工会企事业改革发展管理制度

C. 健全本级工会资产管理制度

D. 健全工会组织服务制度

17. 新中国成立到改革开放前的工会资产工作的主要特征是（　）。

A. 党和政府对工会服务职工阵地建设高度重视

B. 大量集中在举办职工文化教育和生活福利事业所必需的场所和设施上

C. 工会资产主要来源于党政的划拨、拨款，主要是服务性资产，经营性较弱，具有浓厚的计划经济色彩

D. 明确了工会资产工作工会的方向，明确了“三服务”宗旨

18. 党的十八大以来的工会资产工作的主要特征是（　）。

A. 工会资产公益性服务性建设取得突出成效

B. 工会资产工作的性质、内涵、边界更加明确

C. 工会本级企事业资产监督管理工作进入新的发展阶段

D. 明确了工会资产工作工会的方向，明确了“三服务”宗旨

19. 工会资产的形成途径有（　）。

A. 党和政府以及机关企事业单位通过无偿划拨和拨款形成的工会资产

B. 工会依靠自身力量投资形成的工会资产

C. 工会企事业单位通过自我积累、自我发展形成的工会资产

D. 党和政府以及机关企事业单位划拨和拨款的国有资产

20. 工会资产的主要特征是（　）。

A. 工会资产是社会团体资产，具有一定的特殊性

B. 工会资产的所有者是工会组织，具有一定的特

定性

C. 工会资产由工会组织依法监督管理，具有一定的自主性

D. 工会资产建设取得突出成效，具有一定的营利性

21. 工会资产产权制度是中华全国总工会依照法律和工会章程制定的，主要包括（ ）。

A. 工会资产产权性质　　B. 意见建议制度

C. 终极产权制度　　D. 工会出资人制度

22. 工会资产监督管理体制改革遵循统一归口原则，下列表述不符合该原则的是（ ）。

A. 工会设立工会资产监督管理的专门机构，依法履行出资人职责，依法对工会资产进行监管

B. 工会其他部门、机构也可以履行工会资产出资人职责

C. 在监管范围上要将本级设立的企业、事业、社会组织等各类单位及这些单位出资成立的二级单位都纳入工会资产监管范围

D. 对工会行政事业性资产和企业资产统一归口监管，避免“九龙治水”的现象

23. 工会资产监督管理部门的主要任务是（　）。

A. 履行本级工会资产出资人职责

B. 推进辖区内工会企事业的改革发展

C. 加强辖区内工会资产的资产统计、资产处置、产权登记等事项的产权管理

D. 对下级工会资产监管工作进行指导监督

24. 做好工会资产工作，需要（　）。

A. 坚持组织到位与职责到位的统一

B. 坚持统一监管与分类监管的统一

C. 坚持制定制度与执行制度的统一

D. 坚持监督检查与强化问责的统一

25. 健全完善工会资产监督管理体制的意义是（　）。

A. 适应工会改革创新的需要

B. 适应工会资产监督管理工作的需要

C. 适应工会企事业改革发展的需要

D. 是加强和改进工会资产工作的必由之路

26. 工会资产监督管理体制改革的工作原则是（　）。

A. 党的领导原则

B. 统一监管原则、分类监管原则

C. 统一归口原则

D. 权利、义务、责任相统一原则

27. 工会资产监督管理体制改革的工作内容是（　）。

A. 确定工会资产监督管理机构的性质，明确机构设置，明确人员编制

B. 确定工会资产监督管理部门的职能配置和工作职责

C. 明确各级工会组织对工会资产监管部门的授权

D. 明确全国总工会和地方工会资产监督管理机构权责划分；明确省级工会与市级工会、市级工会与县级工会资产监管部门之间的管理权限及相互关系

28. 工会资产工作制度建设的重要意义是（　）。

A. 深入学习贯彻中央党的群团工作会议精神、深化工会改革创新的必然要求

B. 既是一项政治工作，也是一项经济工作

C. 加强工会资产监督管理工作、推动工会资产工作高质量发展的必然要求

D. 贯彻落实全面依法治国基本方略、推进工会资产工作法治化的必然要求

29. 树立工会资产工作制度意识要做好（ ）的工作。

A. “关键少数”发挥带头作用

B. 积极开展宣传教育，解决当前突出的思想认识问题

C. 树立工会资产工作制度权威

D. 提升工会资产工作制度执行主体素质能力

30. 推进形成工会资产工作制度建设的长效机制，需要（ ）。

A. 在查找问题上下功夫

B. 在完善制度上下功夫

C. 在落实制度上下功夫

D. 在强化责任上下功夫

31. 工会行政性资产产权登记的种类包括（　）。

A. 设立产权登记　　B. 占有产权登记

C. 变动产权登记　　D. 撤销产权登记

32. 工会产权登记工作的主要任务是（　）。

A. 健全工会组织服务

B. 依法办理房屋产权证

C. 依法办理土地使用证

D. 依法办理全国总工会工会资产产权登记证

33. 加强工会资产收益管理的重要意义是（　）。

A. 可以体现工会组织作为工会资产所有者的地位

B. 有利于实现工会资产的价值管理

C. 有利于实现工会资产保值增值

D. 有利于在一定程度上补充工会经费收入

34. 坚持工会企事业公益性服务性的必要性和重要性是（　）。

A. 保持和增强工会组织政治性、先进性、群众性的必然要求

B. 履行工会基本职责的必然要求

C. 满足职工群众需求的现实需要

D. 工会企事业工作进入新的发展阶段

35. 公益性服务性的基本内涵是（ ）。

A. 始终坚持正确的政治方向，以非营利性为目的，为职工群众提供优质优惠服务

B. 以直接服务职工的领域为主业，立足满足职工群众基本需求

C. 以广大职工群众为服务对象，坚持普惠服务

D. 工会资产不得用来营利

36. 贯彻落实公益性服务性，需要构建一个完整的支撑保障体系，主要包括（ ）。

A. 制度保障体系　　B. 组织保障体系

C. 资金保障体系　　D. 人才保障体系

37. 各级工会组织要把支持工会企事业改革发展作为一

项长期战略任务，建立和完善工会企事业重点扶持机制。其来源主要形式有（　）。

A. 有条件的工会建立工会企事业发展专项资金

B. 工会公益性事业单位的收支纳入预算管理

C. 政府部门的划拨和拨款

D. 根据资产、人员、设施、运营等具体情况对工会企事业予以合理补助

38. 职工服务阵地社会化市场化的实现途径主要有（　）。

A. 落实公益保障政策，优化发展格局

B. 加强对外合作，拓宽发展路径

C. 依靠自身力量投资形成

D. 深化体制机制改革，增强发展活力

39. 职工文体教育阵地的地位和作用是（　）。

A. 国家公共文化教育体育设施的重要组成部分

B. 履行工会组织基本职责的重要载体

C. 弘扬职工文化的重要平台

D. 提高职工队伍素质、加强产业工人队伍建设的重要阵地

40. 突出抓好工人疗休养院重点业务领域工作的（ ）品牌。

A. 做强做优劳模疗休养基地

B. 职工医疗康复定点机构

C. 工伤康复

D. 职工健康管理中心

41. 已经入账的固定资产除发生下列（ ）情况外，不得任意变动固定资产账面价值。

A. 根据国家规定对固定资产进行重新估价的

B. 增加补充设备或改良装置的

C. 将固定资产一部分拆除的

D. 根据实际价值调整原来暂估价值的，发现原来记录固定资产价值有误的

42. 《中国工会章程》规定，工会资产是社会团体资产。各级工会依法依规加强对工会资产的监督、管

理，保护工会资产不受损害，促进工会资产保值增值。实行“（ ）”的资产监管体制。

A. 统一领导　　B. 统一所有

C. 分级监管　　D. 单位使用

43. 全总资产监督管理部负责对（ ）进行经营业绩考核。

A. 全总本级公益二类

B. 生产经营类事业单位

C. 企业

D. 有对外经营活动的社团组织

44. 为健全防范和惩治工会资产统计人员统计造假、弄虚作假责任制，保障统计数据质量，提高统计数据真实性、准确性、完整性和及时性，各省级工会分管资产工作领导承担（ ），各级工会资产统计工作负责人承担（ ），各级工会资产统计人员承担（ ）。

A. 领导责任　　B. 监督责任

C. 第一责任　　D. 主体责任

45. 工会行政事业单位申请购置土地和房屋建筑物、建设（包括新建、重建、改扩建）房屋建筑物需要提供购置、建设项目的（　）；拟同意购置、建设项目的（　）复印件；（　）；购置项目的资产评估报告；新建项目立项批复复印件、国有建设用地批准书复印件和资金来源说明等文件；重建、改扩建项目原土地、房屋所有权属证明复印件、立项批复复印件、资金来源说明等文件。

A. 申请报告　　B. 会议决议或会议纪要

C. 可行性分析报告　　D. 设计图纸

46. 全国总工会对工会资产工作的总体要求是（　）。

A. 突出公益　　B. 聚焦主业

C. 自主经营　　D. 依法监管

47. 2016年颁布的《公共文化服务保障法》规定："县级以上人民政府应当将公共文化服务纳入本级国民经济和社会发展规划，按照（　）的要求，加强公共文化设施建设，完善公共文化服务体系，提高公共文化服务效能。”

A. 公益性　　B. 基本性

C. 均等性　　D. 便利性

48. 2018年，中共中央办公厅、国务院办公厅印发《关于提高技术工人待遇的意见》，提出“各地要建立优秀技术工人休疗养制度，（　）休疗养活动”。

A. 定期组织　　B. 不定期组织

C. 分级实施　　D. 统一实施

49. 职工互助保障活动目前主要包括（　）为核心内容的保障体系。

A. 住院医疗　　B. 重大疾病

C. 意外伤害　　D. 失业保险

50. 职工互助保障组织的资金主要用于服务会员，支出范围包括（　）。

A. 给付会员的互助金

B. 开展与会员保障服务和促进事业发展的相关支

出，包括救助慰问、健康管理、文体活动、宣传培训、法律服务等

C. 日常管理、工作人员工资福利和行政办公支出

D. 投资股票

51. 下面属于工会资产的社会效益指标的是（　）。

A. 当地党和政府把公益性工会事业资产纳入公共服务体系

B. 主管工会把工会资产工作纳入本级工会中心工作

C. 构建联系基层、服务基层的平台和机制

D. 服务活动覆盖面较广，职工普惠受益

52. 工会企业要深化企业内部改革需要（　）。

A. 建立健全法人治理结构

B. 建立面向市场的经营机制

C. 建立与现代企业制度相适应的用工分配制度

D. 建立职工满意度考核与第三方评价制度和机制

53. 工会企业要深化企业内部改革建立起适应市场竞争

需要的并能充分调动员工积极性的（　）。

A. 动力机制　　B. 约束机制

C. 资本增值机制　　D. 激励机制

54. 工会企业改革的重点环节是（　）。

A. 转换经营机制

B. 健全法人治理结构

C. 加强职工民主管理

D. 加强党的领导

55. 构建公益服务新格局需要（　）。

A. 明确工会事业单位功能定位，发挥各级工会组织的导向作用，培育工会事业单位的公益服务职能

B. 聚焦工会事业单位核心能力，提高各级工会组织的资源整合能力和水平

C. 发挥工会事业单位的桥梁纽带作用，作为基层服务阵地，把实现好、维护好、发展好职工群众根本利益作为各项工作的出发点和落脚点，

反映情况、表达诉求、破解难题

D. 建立健全法人治理结构

56. 关于工会企事业体制机制改革，下列内容正确的是（　）。

A. 坚持公益性服务性，科学调整工会企事业分布范围，使工会资产集中投向能够直接满足广大职工群众多元化物质文化需求的领域，实现内涵式发展

B. 坚持聚焦主责主业，推动资产向有竞争优势的行业和领域集中，坚持存量提质改造和增量结构调整并重

C. 建立科学运营体制机制，推动工会资产发挥服务效能

D. 加大对具有政策资源优势、体现工会特色、市场发展前景广阔的工会企事业的投入力度，打造工会品牌

57. 工会企业资产管理，全总负责审批的事项是（　）。

A. 省级工会所属本级企业占有和使用的土地以及连同地面附着的房屋建筑物一并与工会系统以外单位进行产权转让的事项

B. 省级工会本级行政事业性资产变更为企业资产事项中涉及土地和房屋建筑物的事项

C. 各级工会所属本级企业占有和使用的土地以及连同地面附着的房屋建筑物一并与工会系统以外单位进行产权转让的事项

D. 各级工会本级行政事业性资产变更为企业资产事项中涉及土地和房屋建筑物的事项

58. 工会资产工作对编制和填报统计报表的基本要求是（　）。

A. 人员的专业性　　B. 内容的完整性

C. 数据的真实性　　D. 填报的及时性

59. 各级工会应对年度工会资产统计情况进行全面分析并提出建议，逐级上报分析报告，分析报告包含的内容是（　）。

A. 工会行政性资产情况分析，工会企事业资产情况分析

B. 工会经审费用情况

C. 本地区工会资产监督管理情况

D. 本地区工会资产监督管理机构和人员变动情况

60. 工会资产统计类型可分为（　）。

A. 对工会机关单位（含产业工会）行政性资产的统计

B. 对工会所办企事业单位资产的统计

C. 本地区工会资产监督管理情况统计

D. 本地区工会资产监督管理机构和人员变动情况统计

61. 工会绩效评价机制对于提高工会资产的安全、质量和使用效益的意义是（　）。

A. 能够强化各级工会及其资产监督管理机构、所属企事业单位的工会资产管理意识

B. 能够履行资源配置职能，有效提升工会资产的

使用效率

C. 能够发挥工会资产管理的杠杆作用，调动工会企事业单位积极性

D. 服务覆盖面较广，职工普惠受益

62. 要形成工会资产收益管理机制，建立工会资产的（　），促进工会资产的预算、收益、分配和监督等管理活动相互制约、协调、规范运行。

A. 收益征收机制

B. 预算约束机制

C. 收入使用机制

D. 绩效评价机制和监督机制联动的工会资产收益管理机制

63. 各级工会资产监督管理部门委托具有相应资质的资产评估机构适当选择（　）等资产评估方法，保证资产评估的真实、合法、科学、有效进行。

A. 重置成本法　　B. 现行市价法

C. 收益现值法　　D. 清算价格法

64. 健全工会资产制度实施工作机制需要（　）。

A. 完善和发展工会资产工作制度，构筑制度化保障平台

B. 规范工会资产工作程序和权限，实现制度化监督管理

C. 完善工会资产工作制度实施评估

D. 建立工会资产工作制度执行的评估机制

65. 下列属于工会工作宣传平台的是（　）。

A. 工会的报社　　B. 工会的出版社

C. 工人文化宫　　D. 职工学校

66. 维护工会资产制度权威，是指完善制度监督制约，创新制度监督考评方式，建立健全以问责为主要内容的责任追究机制，关于维护工会资产制度权威，下列表述正确的是（　）。

A. 是一种政治责任执行

B. 是一种契约责任

C. 是一种程序要求

D. 只对各级工会组织负责

67. 工会资产包括（　）。

A. 行政性资产　B. 事业资产

C. 经营性资产　D. 社团资产

68. 明确工会资产监督管理机构是（　）。

A. 建立健全工会资产监督管理体制的组织基础

B. 建立健全工会资产监督管理体制的力量之源

C. 对下级工会资产监督管理机构的工作进行指导和监督

D. 对企事业负责人的监管

69. 工会资产监管体制要做到（　）。

A. 政策法规的统一　B. 监管权力的统一

C. 监管范围的统一　D. 监管流程的统一

70. 工会经营类事业单位改革的目标是（　）。

A. 工会系统经营类事业单位转制为企业

B. 建立产权清晰、权责明确、会企分开、管理科学的现代企业制度

C. 使其真正成为自主经营、自负盈亏、平等竞争、自我发展的市场主体

D. 对经营类事业单位负责人的监管

71. 中国职工互助保障的特点是（　）。

A. 采用会员制

B. 依托工会开展互助保障活动，有效降低运营成本

C. 以广大职工特别是中低收入职工为服务对象，开展收费低廉的小额保障

D. 坚持非营利的经营原则

72. 工人疗休养院开展对外合作的要求是（　）。

A. 严禁以合作为由擅自输出工人疗休养院品牌

B. 严禁合作机构使用工人疗休养院的医疗文书、印章、票据和账户等

C. 合作项目必须报经上级工会审批同意，达到一定规模的要按照规定上报全国总工会审批

D. 合作期限原则上不超过 5 年

73. 加强和规范职工文化教育体育阵地管理，需要（　）。

A. 把规范管理工作制度化、规范化、经常化

B. 建立健全重大事项管理制度

C. 实施统一考核

D. 聚焦主责主业

74. 按照资产存在的形态，工会资产可分为（ ）。

A. 固定资产 B. 流动资产

C. 无形资产 D. 经营性资产

75. 为实现在与政府的联席会议中有力推进工会资产工作发展，需要（ ）。

A. 摸清实际工作情况，做到心中有数

B. 积极参与联席会议相关工作，有效解决面临的问题

C. 坚持结果导向，抓好会议精神的贯彻落实

D. 利用好联席会议达成的有利成果，在及时履行本部门责任的基础上，协调推进多方加快工作进度

76. 建立健全全国职工互助保障行业自律组织，由中国

职工保险互助会承担其职能，行使（　）的职责。

A. 促进职工互助保障组织间的沟通交流，积极开展教育培训，提升职工互助保障活动从业人员队伍专业能力

B. 促进职工互助保障组织间的沟通交流，积极开展教育培训，提升职工互助保障活动从业人员队伍专业能力

C. 为地方职工互助保障组织提供咨询、服务

D. 监督全国职工互助保障组织管理制度实施，沟通协调相关政策

77. 设立职工互助保障组织应当（　）。

A. 有合法财产和经费来源

B. 符合法律法规健全的组织机构和管理制度

C. 有固定工作场所和必要的业务设施

D. 具备任职所需专业知识和业务工作经验的管理人员

78. 职工互助保障组织资金来源（　）。

A. 会员自愿缴纳的职工互助保障活动会费

B. 社会各界的捐赠

C. 政府、行政和工会的资助或补助，核准业务范围内开展活动和服务的收入

D. 利息及其他合法收入

79. 工会资产监督管理机构和职工互助保障组织业务管理部门（机构）对职工互助保障组织的监督管理主要采取（　）与（　）相结合的方式。应根据检查情况，定期对职工互助保障组织运营状况进行评估。

A. 现场监督管理　　B. 非现场监督管理

C. 外部监督管理　　D. 内部监督管理

80. 省级、市级工会管理本区域内职工互助保障组织的方式有（　）。

A. 研究拟定本级职工互助保障组织管理制度

B. 对本级或下级职工互助保障组织的成立、变更、撤销进行审批或报备

C. 对本级职工互助保障活动正常开展所需的工作人员、工作经费等予以适当保障

D. 指导和支持中国职工保险互助会所在地办事处工作

81. 建立健全监督审计制度，将职工互助保障活动的（　）等列入重点监督检查范围。

A. 资金管理情况　　B. 偿付能力状况

C. 执行情况　　D. 是否满足职工需求

82. 职工互助保障组织应按规定及时报送（　），各级工会资产监督管理机构和职工互助保障组织业务管理部门（机构）应向上一级工会汇总上报本地区互助保障组织上述报告。

A. 偿付能力报告

B. 业务统计报告

C. 年度审计报告

D. 其他有关报告、报表文件和资料

83. 职工互助保障组织应当建立（　）等内部控制

制度。

A. 健全偿付能力管理　　B. 稽核审计

C. 合规管理　　D. 会计核算

84. 职工互助保障活动的内容是（　）。

A. 具有共同保障需求的职工，依据章程及有关规定自愿成为职工互助保障组织会员

B. 缴纳会费形成互助基金，由该基金对会员发生约定的事故给付互助金

C. 开展普惠性会员服务

D. 职工互助保障活动主要面向在职职工

85. 工会企事业资产基础管理考核指标是（　）。

A. 单位内部资产管理制度建设情况

B. 资产使用监管落实情况

C. 资金使用管理情况

D. 人员流动情况

86. 主管工会组织开展本级企事业单位考核工作的方式是（　）。

A. 明确考核的组织机构和工作人员

B. 明确纳入考核的单位范围和考核方式

C. 制定考核指标体系和目标责任书

D. 开展考核过程管理

87. 从功能分类，工会资产服务阵地主要分为（　）。

A. 职工文化教育体育

B. 职工疗休养和旅游休闲

C. 职工互助保障和帮扶服务

D. 非营利服务

88. 各级工会资产监督管理部门应及时向上级工会报送上一年度工会资产工作总结和本年度工作安排，至少包括（　）内容。

A. 上一年度工会资产工作总结

B. 本年度工作安排

C. 对做好工会资产工作的意见建议

D. 本年度工作思路、工作目标、重点工作和工作措施

89. 职工互助保障组织资金不属于（　）所有，任何组织、个人不得侵占和挪用。

A. 工会　　B. 管理者

C. 股东　　D. 全体会员

90. 落实工会出资人制度的方式是（　）。

A. 强化工会资产财务监督

B. 做好工会资产经营业绩考核工作

C. 做好重大事项报告管理工作

D. 严格落实工会资产损失责任追究制度

91. 职工互助保障活动坚持（　）发展原则，不得以开展职工互助保障活动为由从事商业保险产品宣传、销售及集资、融资活动。

A. 公益性　　B. 非营利

C. 收益最大化　　D. 资金规模最大化

92. 工会的职工休闲旅游不同于社会一般休闲旅游的特点和优势是（　）。

A. 工会职工休闲旅游的主要服务对象是职工群体，

是有组织的、服务于广大职工群体的休闲旅游

B. 服务形式和内容多为寓教于游的健康向上的休闲旅游活动

C. 通过将职工休闲旅游产品开发与工会工作任务紧密结合，服务于工会工作和国家经济社会发展

D. 职工休闲旅游产业主要依托于各级工会组织，借助组织优势，有助于提高市场竞争能力

93. 本级工会企事业单位资产经营业绩考核内容包括（ ）。

A. 领导班子德能勤绩廉情况

B. 资产基础管理指标

C. 社会效益指标

D. 经济效益指标

94. 下列（ ）与工会企事业单位资产经营业绩考核结果相挂钩。

A. 单位职工总体薪酬　B. 单位负责人薪酬

C. 单位负责人年度考核　D. 单位负责人选拔任用

95. 工会企事业单位资产经营业绩考核目标值的确定以基准值为基础，下列不属于基准值的是（ ）。

A. 上年完成值

B. 前两年完成值的平均值

C. 前三年完成值的平均值

D. 上年完成值或前三年完成值的平均值

96. 根据全国总工会关于工会行政事业性资产管理的制度规定，对县级以上工会组织向工会系统外出售出让工会土地、房屋建筑物事项，以及地方工会具有重大历史意义和社会影响力、拟易地重建的现有（ ）资产处置事项，须及时上报全总资产部，经全国总工会书记处会议研究同意后方可实施。

A. 工会院校　　B. 职工学校

C. 工人文化宫　　D. 工人疗休养院

97. 职工互助保障组织应该建立（ ）。

A. 符合职工互助保障活动特色的财务制度

B. 完整的统计分析制度

C. 健全偿付能力管理、稽核审计、合规管理等内部控制制度

D. 适合职工互助保障组织运营特点的信息披露制度

98. 我国国际海员俱乐部创建于 20 世纪五六十年代，是中国工会领导和管理的，为（　）提供“优惠、优先、优质”服务的社会公益性涉外事业单位。

A. 国际海员　　B. 国内海员

C. 高级海员　　D. 全体海员

99. 下列（　）属于工会经营性企事业单位的监管体系。

A. 以企事业重大决策、班子建设、收益分配以及政策制定、企业党建等为主要内容的管理体系

B. 以资产保值增值、资产营运效果、社会贡献等为主要内容的经营考核体系

C. 以财务数据监控、工会经费审计和第三方审计为主体的监督体系

D. 按照国家关于建立第三产业统计标准和统计指标体系的要求，结合工会特点建立的统计标准和统计指标体系

100. 在工会资产阵地建设中，下列表述正确的是（　）。

A. 工会资产阵地的功能定位是公益性服务性

B. 工会资产阵地中公益性事业单位与公益性企业数量持平

C. 工会资产阵地是工会所属的社团资产，不同于一般意义上的国有资产

D. 在工会资产阵地建设中，建立健全监督机制，严格控制商业性资本介入

参考答案

一、单项选择题

1. B	2. D	3. A	4. B	5. B
6. A	7. A	8. D	9. A	10. C
11. A	12. B	13. A	14. B	15. C
16. B	17. D	18. D	19. C	20. B
21. A	22. B	23. A	24. B	25. A
26. B	27. A	28. B	29. C	30. B
31. B	32. D	33. D	34. C	35. B
36. B	37. C	38. D	39. D	40. C
41. A	42. C	43. C	44. D	45. C
46. D	47. B	48. B	49. D	50. D
51. D	52. B	53. A	54. A	55. A
56. B	57. A	58. A	59. B	60. B
61. B	62. A	63. A	64. B	65. B

66. D	67. B	68. A	69. D	70. A
71. B	72. C	73. B	74. B	75. A
76. B	77. A	78. C	79. C	80. C
81. C	82. B	83. C	84. C	85. B
86. A	87. C	88. B	89. A	90. A
91. A	92. A	93. A	94. B	95. B
96. B	97. D	98. C	99. B	100. C
101. C	102. C	103. A	104. A	105. A
106. C	107. A	108. A	109. A	110. D
111. D	112. B	113. C	114. B	115. A
116. C	117. B	118. A	119. C	120. D
121. D	122. A	123. A	124. A	125. C
126. B	127. B	128. C	129. D	130. B
131. A	132. A	133. D	134. B	135. B
136. B	137. D	138. B	139. A	140. D
141. A	142. D	143. B	144. A	145. A
146. A	147. D	148. A	149. D	150. C
151. D	152. A	153. A	154. C	155. D

156. D	157. D	158. B	159. C	160. C
161. A	162. D	163. D	164. D	165. B
166. D	167. C	168. B	169. B	170. C
171. D	172. D	173. A	174. B	175. B
176. D	177. D	178. A	179. D	180. A
181. C	182. A	183. D	184. A	185. B
186. C	187. D	188. D	189. B	190. C
191. A	192. B	193. A	194. C	195. A
196. B	197. B	198. A	199. A	200. C

二、多项选择题

1. ABC	2. ABC	3. ABCD	4. ABCD	5. ABCD
6. ABC	7. ABCD	8. AC	9. ABCD	10. ABC
11. ABCD	12. ABCD	13. BC	14. ABCD	15. ABD
16. ABC	17. ABC	18. ABCD	19. ABC	20. ABC
21. ACD	22. ACD	23. ABCD	24. ABCD	25. ABC
26. ABCD	27. ABCD	28. ACD	29. AB	30. ABCD
31. ACD	32. BCD	33. ABCD	34. ABC	35. ABC
36. BCD	37. ABC	38. ABD	39. ABCD	40. ABD
41. ABCD	42. BCD	43. ABCD	44. BCD	45. ABC
46. ABCD	47. ABCD	48. AB	49. ABC	50. ABC
51. ABCD	52. ABC	53. ABC	54. ABCD	55. ABC
56. ABCD	57. AB	58. ABCD	59. ACD	60. AB
61. ABC	62. ABCD	63. ABCD	64. ABC	65. AB

66. ABC	67. ABCD	68. AB	69. ABCD	70. ABC
71. ABCD	72. ABCD	73. ABC	74. ABC	75. ABCD
76. ABC	77. ABCD	78. ABCD	79. AB	80. ABCD
81. AB	82. ABCD	83. ABC	84. ABCD	85. ABC
86. ABCD	87. ABC	88. ABCD	89. ABC	90. ABCD
91. AB	92. ABCD	93. BCD	94. BCD	95. ABC
96. CD	97. ABCD	98. AB	99. ABC	100. ACD